Heidrun Fronek

Natürlich süßen mit Stevia

Stevia – die neue gesunde und natürliche Süße
Ideal bei Gewichtsproblemen und für Diabetiker

SÜDWEST

Stevia – süßen ohne Reue

Die Blätter der Steviapflanze enthalten stark süßende Verbindungen.

Der Wunsch nach ganzheitlicher Gesundheit und das Verlangen nach natürlichen Lebensmitteln haben grundlegende Wertänderungen zur Folge. Gesund leben, sportlich aktiv sein, sich gesund ernähren, natürliche Heilmittel anwenden – das alles zeigt deutlich, dass viele Menschen durch ein natürliches und naturverbundenes Leben ihre Gesundheit erhalten und fördern möchten. Häufig wird aber das gesunde Leben mit Verzicht vor allem auf Genuss in Verbindung gebracht. Wenn vorbeugende und natürliche Lebensmittel mit lustvollem Essen in Einklang gebracht werden könnten, wäre das ein großer Gewinn.

Gesunde Süße

Stevia kann das gesunde Genießen unterstützen. Die Pflanze besitzt eine hohe Süßkraft und lässt sich fast wie Zucker einsetzen. Die Substanz wird auf natürlichem Weg aus Steviapflanzen gewonnen und ist frei von Kalorien. Eltern können endlich aufatmen, denn mit Stevia gesüßte Lebensmittel schaden den Zähnen nicht, und auch alle Naschkatzen, die Probleme mit ihrer Figur haben, müssen nicht mehr unbedingt auf Süßes verzichten.

Stevia ist ein Kraut mit einer viel versprechenden Zukunft. Bleibt nur zu hoffen, dass es auf dem deutschen Markt eine Chance bekommt und dass seine geheimnisvollen Wirkungen noch genauer erforscht werden.

Wertvolle Inhaltsstoffe

Darüber hinaus enthält Stevia eine Reihe von wertvollen Pflanzenstoffen, die sich positiv auf die Gesundheit auswirken können. In seinen Ursprungsländern Paraguay und Brasilien wird Stevia seit mehr als 1000 Jahren benutzt, um den beliebten Matetee zu süßen. Weiterhin soll Stevia für Diabetiker geeignet sein, den Blutdruck senken, Übergewicht bekämpfen und die Verdauung fördern. Außerdem lassen sich mit Stevia leichte Infektionen kurieren und kleine Wunden heilen.

Die Entdeckung von Stevia

»Wenn man die Pflanze zum ersten Mal sieht, kann man nichts Besonderes an ihr finden. Nimmt man jedoch erst einmal ein kleines Stück ihrer Blätter in den Mund, ist man von ihrer Süßkraft überwältigt. Ein winziges Blattteilchen genügt, um etwa eine Stunde süßen Geschmack im Mund zu haben.« Diese wenigen Worte, im Jahr 1887 von dem südamerikanischen Naturwissenschaftler Antonio Bertoni gesprochen, genügten, um ein neues Kapitel in der Geschichte der Pflanzenwissenschaft zu beginnen und Stevia in der Welt bekannt zu machen.

Stevia ist eine der Pflanzen, welche die Gesundheit in besonderer Weise fördern können. Stevia soll sowohl innerlich als auch äußerlich angewendet positive Wirkungen entfalten.

Aus der Tiefe Südamerikas

Stevia (Stevia rebaudiana) ist eine Pflanze, die in Paraguay beheimatet ist und dort seit mehr als 1500 Jahren verwendet wird. Die Guaraníindianer, die an der Südgrenze zwischen Paraguay und Brasilien leben, nutzen sie zum Süßen von bitterer Medizin und von ihrem beliebten Matetee. Für Stevia gibt es bei den Guaraníindianern viele unterschiedliche Namen. Einer lautet kaá-hêê, was man als süßes Kraut übersetzen könnte, wobei der Wortteil »kaá« auch der Name für den Matebaum ist. Auch die meisten anderen Bezeichnungen deuten auf den süßen, nektarähnlichen Geschmack der Pflanze hin. Paraguayer nennen Stevia auch »honey leaf«, was übersetzt Honigblatt bedeutet. In Südamerika ist Stevia vor allem unter dem Namen »Yerba dulce« bekannt. Die Guaraníindianer besitzen eine hoch entwickelte Kultur, vor allem in den Bereichen Philosophie, Ernährung und Medizin. Dennoch blieb Stevia, das neben seinem süßen Geschmack auch gesundheitliche Vorteile bringt, der »zivilisierten« Welt viele Jahre unbekannt.

Experten schätzen, dass in Südamerika noch viele andere Pflanzen beheimatet sind, die wertvolle Inhaltsstoffe liefern können und ähnlich wie Stevia nur den Einheimischen bekannt sind. Die Guaraníindianer nutzen einige Pflanzen, die immer mehr auch in der westlichen und östlichen Welt an Bedeutung gewinnen. Matetee und Lapacho sind beispielsweise schon seit längerem auch bei uns bekannt.

Stevia erobert die Welt

Seit seiner Entdeckung Ende des 19. Jahrhunderts gelangte Stevia von Südamerika aus in die ganze Welt.

Bertoni machte mit seiner Entdeckung im Jahr 1887 die Steviapflanze dem Rest der Welt bekannt, weshalb sie ihm zu Ehren auch die botanische Bezeichnung »Stevia rebaudiana Bertoni« trägt. Seither wird Stevia in viele Länder exportiert. Inzwischen wird Stevia auch außerhalb der Ursprungsregion Südamerika angebaut. Stevia gilt als eine Revolution unter den Süßungsmitteln. Es ist ein natürliches Produkt ohne die negativen Eigenschaften von Zucker und ohne Kalorien und eignet sich zum Süßen von Speisen, als Geschmacksverstärker in Suppen und Saucen, zum Süßen von Tee oder auch als eigenständiger Tee.

Anbau und Ernte

Stevia rebaudiana Bertoni ist eine von 154 Steviaarten und zählt zu den Chrysanthemengewächsen. Sie ist also mit Sonnenblumen und Margariten verwandt. Stevia wächst wild im Hochland von Paraguay, in Brasilien und in Argentinien. Wild wachsende Pflanzen werden bis zu 70 Zentimeter hoch, während kultivierte Sorten sogar eine Höhe von bis zu 90 Zentimeter erreichen. Der mehrjährige Strauch verliert im Winter seine Blätter. Im Frühling entstehen reichlich neue Blätter und Blüten. Für die Gewinnung von Süßstoff benötigt man die Blätter, die gewöhnlich zu Beginn der Blütezeit geerntet werden. Dann liefern sie viel von den für die Süßkraft relevanten Komponenten.

Schon kurz nach seiner Entdeckung durch den Naturwissenschaftler Antonio Bertoni machte sich Stevia auf, die Welt zu erobern.

Weltweite Verbreitung

Stevia wurde in vielen Teilen der Welt erfolgreich kultiviert. Japan, Korea, Taiwan, die philippinischen Inseln, Ost- und Südostasien, Israel, die USA und Kanada sind seit längerem mit dem Anbau von Stevia und seiner Vermarktung vertraut. In Europa wurde Stevia im Zweiten Weltkrieg in England angebaut, da Zucker und andere Süßstoffe

Mangelware waren. Allerdings geriet der Anbau in der Nachkriegszeit in Vergessenheit. Heute laufen Versuche, Stevia rebaudiana Bertoni auch in Spanien und Deutschland zu kultivieren. Wann eine Vermarktung europäischer Steviapflanzen beginnen kann, ist unklar.

Die Chinesen bereiten sich aus Steviablättern vorwiegend Tee. Dort wird Stevia zur Appetitanregung, als Verdauungsförderer, zum Abnehmen und zur Erhaltung der Jugend empfohlen.

Stevia in Japan

In Europa ist Stevia als Süßungsmittel weiten Teilen der Bevölkerung gänzlich unbekannt. Umso erstaunlicher ist es, dass es in Japan bereits seit über 20 Jahren verwendet wird. Um 1970 begannen die Japaner, bestimmte künstliche Süßstoffe wegen gesundheitlicher Bedenken zu verbieten, was die Untersuchungen hinsichtlich natürlicher Süßstoffe, vor allem hinsichtlich des bis dahin bereits bekannten Steviosids, vorantrieb. Schon im Jahr 1977 kamen die ersten Steviaextrakte auf den Markt. Allein im Jahr 1982 wurden in Japan über 1000 Tonnen Steviablätter verarbeitet. 1988 erreichte das Steviaextrakt einen Marktanteil von 41 Prozent. Inzwischen ist der natürliche Süßstoff u.a. auch in Brasilien, Korea, Israel, Thailand und China erhältlich. In den modernen Industriestaaten wird Stevia beispielsweise zum Süßen von Softgetränken, Fruchtsäften, Backwaren, Sauergemüsen, Sojasaucen, Marme-

In der japanischen Küche ist Stevia seit über 20 Jahren als natürliches Süßungsmittel nicht mehr wegzudenken.

laden, Süßwaren, Joghurts, Eiscremes und Kaugummis eingesetzt. Da die Inhaltsstoffe der Pflanze zudem eine vorbeugende Wirkung gegen Karies haben, findet man Stevia dort auch in Zahnpasten und in Mundwässern.

Saccharin ist in Kanada gänzlich und in den USA begrenzt verboten. Zyklamat ist in den USA, Großbritannien, Frankreich und Japan nicht zugelassen, da es im Verdacht steht, Krebs zu erregen.

Konkurrenz für Zucker und Süßstoffe

Bertoni stellte in seinen ersten Berichten in den Jahren 1905 und 1918 die Vorteile von Stevia gegenüber dem damals hauptsächlich verwendeten Süßstoff Saccharin heraus:

- Stevia sei nicht nur unbedenklich in der Anwendung, sondern von hohem gesundheitlichem Wert, was in vielen Experimenten und Studien gezeigt werden konnte.
- Stevia ist ein Süßungsmittel mit hoher Süßkraft und ohne Kalorien.
- Stevia kann in einer natürlichen Form (getrocknet oder als Pulver) verwendet werden.
- Stevia ist deutlich preisgünstiger als der Süßstoff Saccharin.

Lobby gegen Stevia?

Möglicherweise war genau dieser letzte Punkt schon damals für das Scheitern einer weltweiten Vermarktung verantwortlich. Kalorienfreie Süßungsmittel sowie Zuckerersatzstoffe bringen der Nahrungsindustrie viel Geld. Ein preisgünstiger Süßstoff, der keine Risiken birgt und dazu gesundheitliche Vorteile bringen soll, war einfach nicht erwünscht. Länder, die künstliche Süßstoffe aufgrund ihrer gesundheitlichen Risiken einschränken, sind stets auf der Suche nach sicheren, kalorienfreien Süßungsmitteln. Andere Länder und Firmen hingegen, die Exklusivrechte an erhältlichen Süßstoffen haben, fürchten jeden neuen und sicheren Süßstoff, an dem sie keine Anteile haben.
Da Stevia heute in den USA zwar als diätetisches Nahrungsergänzungsmittel, aber nicht als Süßstoff zugelassen ist, vermuten Steviaanhänger noch heute einen Zusammenhang zwischen der Lobby der Süßstoffindustrie und den Gesundheitsbehörden.

Ergebnisse wissenschaftlicher Studien

Der Anbau von Stevia rebaudiana Bertoni wird in Japan intensiv verfolgt, und japanische Forscher bemühen sich unentwegt, die gesundheitlichen und technologischen Vorteile von Stevia gegenüber anderen, synthetisch hergestellten Süßstoffen durch wissenschaftliche Studien zu untermauern, auch um es in andere Länder exportieren zu können. Dabei entdeckten sie neben den Steviosiden noch weitere süß schmeckende Glykoside (Rebaudioside A, B, C, D und E, Dulcosid A und Steviobiosid) in Stevia.

Auf dem Prüfstand der Wissenschaft

Alle Stoffe, die in Lebensmitteln verarbeitet werden, benötigen die ausdrückliche Zulassung durch den Gesetzgeber. Zusatzstoffe werden dabei besonders streng überwacht, nach dem Grundsatz: Was nicht ausdrücklich erlaubt ist, ist verboten. Voraussetzung für eine Zulassung sind umfangreiche wissenschaftliche Untersuchungen, welche die gesundheitliche Unbedenklichkeit der Substanz unter Beweis stellen müssen. Süßstoffe unterliegen dieser Zusatzstoffverordnung und

Das Lebensmittelrecht enthält strenge Vorgaben, besonders hinsichtlich der Zusatzstoffe. Deshalb werden sie besonders sorgfältig und aufwändig getestet.

Steviablätter können entweder pur als Tee genossen werden, oder einige Blätter werden zum Süßen von Schwarz- oder Früchtetee zugegeben.

müssen deshalb eine Vielzahl von Untersuchungen durchlaufen, bis sie als sicher deklariert und vermarktet werden können. Derartige Studien dauern meistens viele Jahre. Dies erscheint oft zu lange, doch die Gesundheit der Verbraucher steht bei neuen Produkten im Vordergrund. Ob und unter welchen Bedingungen neue Süßstoffe zugelassen werden, darüber bestimmen der wissenschaftliche Lebensmittelausschuss der EU-Kommission (SCF) und der Gemeinsame Sachverständigenausschuss für Lebensmittelstoffe der Weltgesundheitsorganisation (WHO). Seit 1931 laufen an einigen Instituten der Welt zahlreiche Tests, welche die Unbedenklichkeit von Stevia untermauern sollen. Bisher wurde noch nie so viel Forschung zu einem Süßstoff betrieben, wie das bei Stevia der Fall ist.

GRAS ist die Abkürzung von »Generally Recognized as Safe«, zu deutsch: grundsätzlich unbedenklich. Wenn Stevia diese GRAS-Zulassung erhält, dürfen ihre Extrakte als Süßstoff industriell verarbeitet werden.

Positive Testergebnisse

Die bisher veröffentlichten Ergebnisse lieferten noch keinen Hinweis darauf, dass Stevia oder dessen Extrakte einen schädigenden Einfluss auf die menschliche Gesundheit haben. In den USA ist Stevia derzeit nur als Tee und als diätetisches Lebensmittel in Form von Extrakten und Pulver, jedoch nicht als Süßungsmittel und somit zur industriellen Vermarktung als Süßstoff zugelassen. Dennoch ist Stevia bei den Amerikanern ein beliebtes Süßungsmittel. Seit Jahren kämpfen sie um die Anerkennung als Süßstoff bei den Gesundheitsbehörden. Allerdings sind noch viele Hürden zu überwinden, bis Stevia in den USA die GRAS-Zulassung erhält.

Erfahrungen aus der Praxis

Einer der augenscheinlichsten Hinweise auf die Sicherheit von Stevia und ihre Produkte ist die Tatsache, dass in den vielen Jahrhunderten, in denen Stevia von den Bewohnern Paraguays verwendet wurde, keine Nebenwirkungen bekannt geworden sind. Die Japaner, die seit über 20 Jahren vor allem isolierte Steviaextrakte (Stevioside) benutzen, können ebenfalls nicht über unerwünschte Nebenwirkungen berichten. Bei anderen künstlichen Süßstoffen ist das leider nicht der Fall.

Süß und kalorienfrei

Weltweit werden pro Jahr mehr als 100 Millionen Tonnen Zucker produziert. In Deutschland werden jährlich über 3,4 Millionen Tonnen Rübenzucker gewonnen. Während um 1900 der Verbrauch von Zucker bei etwa sechs Kilogramm pro Kopf und Jahr lag, verzehren Bundesbürger heute im Durchschnitt etwa 45 Kilogramm Zucker. Vor allem Kinder zählen zu den Hauptabnehmern und konsumieren fast täglich Zucker in Form von gezuckertem Brei, Süßigkeiten oder Getränken.

Im Kreuzfeuer der Kritik

Zucker gerät neben Fett immer wieder ins Kreuzfeuer der Ernährungskritik. Gegner des Zuckers deuten auf die gesundheitlichen Risiken hin, die zum Teil durch viele wissenschaftliche Studien untermauert werden konnten. Bei kontrolliertem Verzehr und regelmäßiger Zahn-

Chronologie von Stevia rebaudiana

Seit Jahrtausenden wird Stevia von den Guaraníindianern, den Ureinwohnern Paraguays, als Süßungsmittel verwendet.

16. Jahrhundert: Erste Berichte durch spanische Einwanderer

1887: Entdeckung und Beschreibung durch Antonio Bertoni, spanischer Wissenschaftler und Forscher

1909: Kultivierung von Stevia in Paraguay

1931: Extrahierung von Steviosid durch Bridel und Lavieille, französische Chemiker

1954: Kultivierung von Stevia in Gewächshäusern in Japan

1963: Entdeckung der vollständigen chemischen Struktur von Stevia

1977: Vermarktung von Stevia in Japan sowie industrielle Verwendung

1991: Importstopp und Zulassungsverbot für Steviaprodukte durch die FDA (Food and Drug Administration = amerikanische Lebensmittel- und Arzneiaufsichtsbehörde)

1995: Teilweise Aufhebung des Importstopps in den USA, Einführung der Kennzeichnungspflicht als diätetisches Nahrungsergänzungsmittel

Insbesondere die Kombination von Zucker und Fett, die in vielen Süßwaren zu finden ist, ist gesundheitlich bedenklich und sorgt u. a. für das Zunehmen der überflüssigen Pfunde.

pflege ist Zucker nicht schädlich. In größeren Mengen jedoch kann Zucker den Vitaminhaushalt negativ beeinflussen, Karies verursachen, und er steht im Zusammenhang mit Übergewicht, Diabetes mellitus und Krebserkrankungen. Auch die Haut kann bei übermäßigem Zuckerverzehr und bei sensiblen Menschen leiden.

Auf der Suche nach alternativen Süßungsmitteln

Im Zuge des neuen Bewusstseins, nach dem Lebensmittel möglichst naturbelassen sein sollen, wird weiter nach alternativen Süßungsmitteln gesucht, und inzwischen bietet der Markt unterschiedlichste Alternativen. Ahornsirup, Dicksäfte, Honig, Reismalz, Trockenfrüchte, Vollrohrzucker und Vollzucker oder Zuckerrohrmelasse: Es bleibt nahezu kein Verbraucherwunsch offen. Bis auf ihre Naturbelassenheit, die vielen Verbrauchern wichtig ist, bergen jedoch die meisten dieser Zuckeralternativen ähnliche Risiken wie Zucker und liefern kaum weniger Kalorien.

Stevia bietet natürliche Süße ohne Kalorien. Ein weiterer Vorteil dieses Süßungsmittels liegt darin, ungefährlich für die Zähne zu sein und keine Karies zu verursachen.

Süßstoffe

Süßstoffe sind kalorienfrei und führen nicht zu einer Erhöhung des Blutzuckers. Deshalb sind sie vor allem für Diabetiker von großem Nutzen. Synthetisch hergestellte Süßstoffe sind aufgrund möglicher Langzeitrisiken und gesundheitlicher Gefahren keine sinnvolle Alternative zu Zucker. Süßstoffe sind zahnfreundlich und werden in entsprechenden Produkten eingesetzt. Als natürliche Süßstoffe gibt es derzeit Neohesperidin-DHC und Thaumatin, die jedoch vor allem in Kombination mit synthetischen Süßstoffen angeboten werden.

Natürliche Süßstoffe

- Neohesperidin-DHC wird aus einem Flavonoid der Zitrusfrüchte gewonnen und ist in seiner Süßkraft bis zu 1500-mal stärker als Zucker. Da es nur in äußerst geringen Mengen verzehrt wird, spielt es energetisch keine große Rolle. Neohesperidin-DHC eignet sich gut zur geschmacklichen Verbesserung von bitterer Medizin wie Tropfen, Sirup und Brausetabletten. Häufig findet es auch Verwendung bei der Herstellung von Desserts, Sauerkonserven und alkoholfreiem Bier. Als Einzelsüßstoff hat es einen anhaltenden Nachgeschmack und erinnert an Menthol und Lakritze. In Kombination mit anderen Süßstoffen zeigt Neohesperidin-DHC gute geschmackliche Eigenschaften.

▶ Thaumatin wird aus der westafrikanischen Katemfefrucht gewonnen und ist etwa 2000- bis 3000-mal süßer als Zucker. Da es sich um einen Proteinsüßstoff handelt, wird Thaumatin im Körper wie jedes andere Eiweiß verstoffwechselt. Zum Backen und Kochen ist dieser Süßstoff nicht geeignet, da er seine Süßkraft verliert. Thaumatin findet industriellen Einsatz in Kaugummis und Zuckerwaren. Ebenso wie Neohesperidin-DHC ist auch Thaumatin leicht bitter und wird vorwiegend in Kombination mit anderen Süßstoffen verwendet.

Die vielen gesundheitlichen Vorteile, die die Verwendung von Stevia mit sich bringt, sind heute noch nicht vollständig erforscht.

Zuckeraustauschstoffe

Zuckeraustauschstoffe sind ebenso wie Zucker nicht kalorienfrei, aber – mit Ausnahme von Fruchtzucker – wegen der weitaus geringeren Kariesförderung in zahnfreundlichen Produkten gut einsetzbar. Auch Diabetiker profitieren von den ungefährlichen Austauschstoffen. Allerdings können schon geringe Mengen pro Tag abführend wirken.

Süßkraft im Vergleich zu Zucker

Haushaltszucker (Saccharose)	100
Acesulfam	200
Aspartam	200
Zyklamat	30–35
Neohesperidin-DHC	300–1500
Saccharin	450–550
Steviosid	200–300
Thaumatin	2000–3000

Vorteile von Stevia

Stevia und vor allem dessen naturbelassene Produkte bieten die Vorteile von natürlichen Süßungsmitteln und schließen die Risiken von Süßstoffen weitestgehend aus. Stevia liefert keine Kalorien, schädigt nicht die Zähne, besitzt eine hohe Süßkraft und soll daneben noch viele andere gesundheitliche Wirkungen besitzen. Da es den Blutzucker nicht erhöht, ist es auch für Diabetiker geeignet. Die seit Jahrtausenden gemachten Erfahrungen der Guaraníindianer und der hohe Verbrauch in Japan deuten darauf hin, dass Stevia eine interessante Alternative für Zucker ist.

Der bittere Nachgeschmack von ganzen Steviablättern verschwindet häufig, wenn man sie in Wasser oder andere wässrige Lösungen gibt.

Wirkung der Inhaltsstoffe von Stevia

- Ätherische Öle sind in nahezu allen wohlriechenden Pflanzen enthalten. Diese Öle sind leicht flüchtig. Es werden ihnen zum Teil recht starke Heilwirkungen zugeschrieben.
- Tannine sind Bestandteile von Blättern zahlreicher Pflanzen. Sie wirken entzündungshemmend und wundheilend. Außerdem hemmen sie die Entstehung von Zahnbelag und beugen Karies vor.
- Glykoside sind die in Pflanzen vorkommenden Zuckerverbindungen. Viele Glykoside wirken hautreizend und schweißtreibend, sind also vor allem bei Erkältungs- und Grippekrankheiten geeignet, zumal sie eine desinfizierende Wirkung haben.
- Bitterstoffe sind Pflanzenbestandteile, die sich durch ihren typisch bitteren Geschmack auszeichnen. Sie regen die Verdauung an und wirken auf Leber und Gallenblase.
- Phytosterine ähneln in ihrer chemischen Grundstruktur dem Cholesterin. Sie können den Cholesterinspiegel positiv beeinflussen und beugen Darmerkrankungen vor.
- Terpene sind für das Aroma verantwortlich und haben darüber hinaus eine Bedeutung in der Krebsprophylaxe.
- Flavonoide wirken antioxidativ. Sie schützen Zellen vor schädlichen Einflüssen, hemmen die Entstehung von Krebserkrankungen und schützen das Herz.

Süßer als Zucker

In Paraguay bekommt man Stevia in Form von getrockneten Blättern, die man als Tee aufbrüht oder fein zermahlen zum Süßen von Speisen verwenden kann. Erst um 1930 konnten die süßen Bestandteile isoliert und identifiziert werden. Die einzelnen Glykoside besitzen gegenüber Zucker eine Süßkraft, die je nach Sorte, Verarbeitung und Aufbereitung zwischen dem 30- bis 300fachen schwankt.

Starke Süßkraft

Stevioside und Rebaudioside sind die maßgebenden Süßbestandteile der Steviapflanze. Bei den Steviosiden handelt es sich um Verbindungen aus Traubenzucker, Sophorose und Steviol. In den getrockneten Blättern von Stevia sind Stevioside mit bis zu 22 Prozent enthalten. In seiner natürlichen Form ist Steviakraut 10- bis 15-mal süßer als gewöhnlicher Haushaltszucker. Werden die Stevioside dagegen isoliert, gewinnt man ein weißes, kristallines Pulver, das 300-mal süßer ist als Zucker. Rebaudioside werden in verschiedene Arten unterteilt, von A bis E. Die Rebaudioside A und E sind nicht so bitter im Nachgeschmack wie die Stevioside, und ihre Süße ist angenehmer. Vor allem das Rebaudiosid A gewinnt zunehmend an Bedeutung. Es ist zwar in geringeren Mengen als die Stevioside in Stevia enthalten, ist jenen jedoch geschmacklich und technologisch überlegen. Die Süßkraft von Rebaudiosid A liegt etwa ein Drittel über derjenigen von Steviosiden.

Steviaprodukte

Stevia gibt es heute in verschiedenen Zubereitungen zu kaufen. Angeboten werden getrocknete Steviablätter zum Aufbrühen von Tee sowie Steviapulver, Rohextrakte und isolierte Extrakte. Hinsichtlich des geringen Verarbeitungsgrads und der weitgehenden Konservierung natürlicher Inhaltsstoffe sind Steviablätter und Rohextrakte allen isolierten Steviaprodukten vorzuziehen.

Neben den süßen Bestandteilen liefert Stevia noch eine Reihe anderer Inhaltsstoffe wie Eiweiß, Kohlenhydrate, Ballaststoffe, Eisen, Phosphor, Kalzium, Magnesium, Zink, Beta-Karotin und Vitamin C. Außerdem enthalten die Blätter zahlreiche ätherische Öle und verschiedene sekundäre Pflanzenstoffe wie Tannine, Flavonoide, Terpene, Bitterstoffe und Phytosterine.

Je weniger Stevia bearbeitet wird, umso höher ist der gesundheitliche Nutzen, den die Pflanze bietet. Denn bei jedem noch so schonenden Verarbeitungsprozess gehen Inhaltsstoffe verloren.

Steviablätter

Das ganze Kraut ist die natürlichste Form von Stevia und besonders zum Einsatz in der Küche geeignet. Es wird getrocknet angeboten und ist in ganzen Blattteilen oder in zerkleinerter Form als Teebeutel erhältlich. Bereits ein Esslöffel voll getrockneter Blätter genügt, um eine ganze Kanne süßen Tee zuzubereiten. Die meisten Firmen bieten Steviablätter bereits geschnitten und verlesen an.

Steviapulver

Werden die Steviablätter fein zermahlen, erhält man ein grünes Pulver, dessen Süßkraft etwa 10- bis 15-mal höher ist als die von Zucker. Es lässt sich wie jeder andere streufähige Süßstoff Lebensmitteln beimischen.

Rohextrakte

Für Steviaextrakte werden die gereinigten Steviablätter einem speziellen Verfahren unterzogen. Dabei werden bis zu 50 Prozent Glykoside gewonnen und ein weißes Pulver hergestellt. Weißes Steviapulver ist

In den Blättern der Steviapflanze sind die süß schmeckenden Glykoside enthalten. Getrocknet werden sie z.B. als Tee verwendet.

etwa 100-mal süßer als Zucker. In den USA sind stärker konzentrierte Extrakte auf dem Markt, deren Süßkraft das 200- bis 300fache von Zucker erreicht. Rohextrakte sind hitzestabil und können bis zu 200 °C erhitzt werden. Flüssige Extrakte können aus allen Steviaprodukten gewonnen werden. Je nach Ausgangsprodukt variieren Farbe, Geschmack und Süßkraft.

Isolierte Extrakte

Stevioside und Rebaudioside sind die süßesten Steviaprodukte, enthalten aber nicht die gesundheitlichen Vorzüge von ganzen Steviablättern oder ihrer Produkte. Sie werden aus der Pflanze isoliert und in pulverisierter Form angeboten. Durch die Gewinnung von Süßstoff in dieser Form wird Stevia am meisten verarbeitet und denaturiert. Diese Extrakte liefern häufig einen leicht bitteren Nachgeschmack, weshalb sie mit anderen Süßungsmitteln kombiniert werden. Durch Zugabe in Lebensmitteln verlieren sie ebenfalls ihren unerwünschten Nachgeschmack. Isolierte Extrakte sind in erster Linie für den industriellen Gebrauch von Nutzen und werden hauptsächlich in der östlichen Welt verwendet. Im Gegensatz zu den meisten synthetisch hergestellten Süßstoffen haben sich isolierte Extrakte durch ihre hohe Hitzestabilität bei vielen technischen Verarbeitungsprozessen bewährt.

In Österreich und in der Schweiz ist Stevia in getrockneter Form, als Extrakt oder in Pulverform erhältlich. In Deutschland ist Stevia bislang nur in Form von Blättern als Tee zu bekommen. Über eine Zulassung extrahierter Produkte aus Stevia ist noch nicht entschieden.

Qualitätsunterschiede

Stevia hat in geringer Konzentration eine angenehme Süße, die an Süßholz oder Anis erinnert. Wer Kräutertees mag, wird auch Steviatee gern trinken. Obwohl Stevia rebaudiana Bertoni in vielen Ländern angebaut wird, bieten in erster Linie die Pflanzen aus Paraguay und Brasilien den besten Geschmack. Die einzigartigen Böden und das Klima Südamerikas liefern die Grundlage für exzellente Qualität. Die meisten Versuche, Steviapflanzen an anderen Orten anzubauen, führten leider zu Geschmackseinbußen. Häufig ist das einer der wichtigsten Gründe, warum Verbraucher Steviatee oder seine Extrakte ablehnen.

Mate-, Lapacho- und Steviatee sind beliebte heiße Getränke in Südamerika, denen eine wohltuende Wirkung nachgesagt wird. In den letzten Jahren wurden sie auch in Europa immer bekannter und beliebter.

Süß ist wie salzig ein Geschmacksreiz, den man sich an- oder abtrainieren kann. Wegen der vielen industriell zubereiteten Speisen sind wir unempfindlich gegenüber Zucker und Salz geworden und süßen und salzen immer mehr, um die Speisen nicht als fad oder lasch zu empfinden.

Gesund mit Stevia

Stevia, das als natürliches Kraut seit vielen tausend Jahren von den in Paraguay lebenden Guaraníindianern zum Süßen bitterer Medizin und verschiedener Kräutertees verwendet wird, hat seit der Kommerzialisierung durch die Japaner in vielen Ländern Einzug gehalten. Obwohl den Guaraníindianern die gesundheitsfördernden Wirkungen von Stevia schon lange bekannt sind und sie die Pflanze auch zu diesem Zweck einsetzen, brachten erst die wissenschaftlichen Untersuchungen in der zweiten Hälfte des 20. Jahrhunderts deren gesundheitliche Wirkungen auch ins Bewusstsein anderer Völker. Doch ist es auch hier wie bei vielen anderen Naturheilmitteln: Vor ihrem Einsatz müssen sie zahlreiche Tests durchlaufen, damit Erfahrungen auch wissenschaftlich untermauert werden können.

Ursprüngliche Anwendungen

Stevia wurde von den Bewohnern Paraguays für verschiedene Zwecke verwendet. Zum einen galt Stevia als Geschmacksverstärker für Lebensmittel. Es wurde zum Süßen von Tee, insbesondere des beliebten Matetees, verwendet. Weiterhin wurde die Pflanze selbst als Tee zubereitet und getrunken. Nicht zuletzt benutzten die Indianer Stevia als traditionelles Heilmittel. Erst durch die Entdeckung Bertonis wurde Stevia als kalorienfreier Süßstoff verwendet.

Medizinische Anwendungen

Stevia rebaudiana Bertoni wird seit vielen Jahren vorwiegend als Süßstoff eingesetzt. Zudem laufen zahlreiche Studien über die gesundheitlichen Wirkungen der Pflanze, die schon lange Zeit vor ihrer Entdeckung durch Europäer und Asiaten von den Guaraníindianern erkannt wurden und in deren Erfahrungsschatz verankert sind.

Zahlreiche positive Einflüsse

Neben der unterstützenden Wirkung beim Abbau von Übergewicht wird Stevia nachgesagt, dass dessen Inhaltsstoffe Herz und Kreislauf schützen, die Verdauung fördern, Infektionen verhindern, die Entstehung von Karies hemmen, den Blutzuckerspiegel positiv beeinflussen und eine schöne Haut machen. Vermutlich sind die Wirkungen von Stevia auf die neben den Glykosiden vorkommenden sekundären Pflanzenstoffe und auf noch unentdeckte Substanzen zurückzuführen.

Inhaltsstoffe

Außer den bereits angesprochenen Gykosiden Steviosid und Rebaudiosid konnten bisher Eiweißstoffe, Kohlenhydrate und Ballaststoffe in der Steviapflanze nachgewiesen werden. Darüber hinaus enthält sie Eisen, Kalzium, Phosphor, Magnesium, Zink und die Vitamine A und C. Das macht sie nicht nur als innerlich wirksames Mittel interessant, sondern empfiehlt die Pflanze auch für die äußerliche Anwendung.

Auch wenn Stevia sich positiv auf Herz und Kreislauf auswirken kann und auch dem Übergewicht zu Leibe rückt, ist Bewegung unverzichtbar. Suchen Sie sich eine leichte Sportart, die Ihnen Spaß macht, oder machen Sie ausgedehnte Spaziergänge an der frischen Luft.

Wissenschaft und Erfahrung

Die bisher bekannten Wirkungen der Pflanze werden derzeit in vielen wissenschaftlichen Untersuchungen getestet; Langzeitstudien gibt es allerdings bisher noch nicht. Viele der beschriebenen therapeutischen Effekte stammen aus Überlieferungen der Guaraníindianer und aus Berichten von begeisterten Verbrauchern.

Übergewicht senken

Der bei vielen Verbrauchern wohl beliebteste Effekt von Stevia ist der kalorienreduzierte Süßgenuss, der durch den Einsatz der Pflanze oder ihrer Produkte gewährleistet wird. Getränke, Milchprodukte, Süßigkeiten, Desserts und andere Naschereien fallen durch Steviasüße kalorisch weniger ins Gewicht. Außerdem soll Stevia dadurch, dass es den Blutzuckerspiegel konstant hält, dem Süßhunger vorbeugen. Hungerattacken können vermieden werden, wenn man 20 Minuten vor einer Mahlzeit eine Tasse Steviatee trinkt. So kann der Appetit wirkungsvoll und ohne Nebenwirkungen gezügelt und dadurch Übergewicht abgebaut werden. Das funktioniert vor allem dann, wenn man sich auch ansonsten vollwertig ernährt und die Empfehlungen der Deutschen Gesellschaft für Ernährung beachtet. Vor allem das Fett muss dabei im Auge behalten werden, da es doppelt so viele Kilokalorien liefert wie Eiweiß und Kohlenhydrate. Ein gesunder Erwachsener sollte täglich nicht mehr als 80 Gramm Fett zu sich nehmen.

Für Eltern von zuckersensiblen Kindern kann Stevia eine wahre Hilfe sein. Kinder können mit Stevia unbeschwert Süßes genießen, ohne in ein Leistungstief zu fallen – und die Zähne werden auch nicht gefährdet.

Einfluss auf den Blutzucker

Diabetes mellitus ist eine erbliche oder erworbene Stoffwechselstörung, die entsteht, wenn das Hormon Insulin in zu geringen Mengen oder gar nicht ausgeschüttet wird. Insulin spielt eine wichtige Rolle bei der Umsetzung der in unserer Nahrung enthaltenen Kohlenhydrate in Glukose und deren Umwandlung in Energie. Fehlt das Hormon oder arbeitet es ungenügend, steigt der Glukosegehalt im Blut.
In Südamerika, vor allem in Paraguay und Brasilien, ist Stevia besonders wegen der Wirkung auf den Blutzuckerspiegel bekannt. Im Gegensatz zu Haushaltszucker, der den Blutzucker in die Höhe treibt und durch die Insulinausschüttung zu einem Abfall des Blutzuckerspiegels führt, hilft Stevia dabei, den Blutzuckerspiegel auf konstantem Niveau zu halten. Leistung und Konzentration werden nicht eingeschränkt.

Stevia für Diabetiker

Stevia führt nachweislich nicht zu einer Erhöhung des Blutzuckerspiegels, weshalb es als Süßungsmittel oder in Form von Tee ohne Bedenken auch von Diabetikern verwendet werden kann. Einige Studien geben sogar Hinweise darauf, dass Stevia in der Lage ist, einen erhöhten Blutzuckerspiegel zu senken. In Paraguay werden Steviazubereitungen von Ärzten als Heilmittel gegen Diabetes mellitus empfohlen, obwohl derartige therapeutische Maßnahmen bis zu diesem Zeitpunkt wissenschaftlich noch nicht bestätigt werden konnten. Neben einer etwaigen blutzuckerstabilisierenden Wirkung liegt ein weiterer Vorteil von Stevia darin, dass es Essensgelüste reduziert, und es so den Betroffenen leichter fällt, die verordnete Diät wirklich einzuhalten. Gerade bei Menschen, die erst im Alter mit Diabetes mellitus konfrontiert werden (Typ II), ist die Gewichtsreduktion häufig der Schlüssel, die Blutzuckerwerte wirkungsvoll auch ohne Medikamente zu kontrollieren.

Diabetiker profitieren von der hohen Süßkraft von Stevia und können auch einmal unbedenklich Süßspeisen genießen.

Schutz für Herz und Kreislauf

Wissenschaftliche Untersuchungen zeigten, dass Extrakte von Stevia und vor allem Stevioside einen positiven Einfluss auf das Herz-Kreislauf-System haben. Insbesondere wird vermutet, dass mit Hilfe der Inhaltsstoffe ein erhöhter Blutdruck gesenkt werden kann. Weitere Studien müssen auf diesem Gebiet noch folgen.

Antibakterielle Wirkung

Der regelmäßige Genuss von einer Tasse Steviatee soll vor Infektionskrankheiten und Erkältungen schützen. Stevia hemmt nachweislich das Wachstum verschiedener Bakterienstämme und anderer Krank-

Wer unter Diabetes mellitus leidet, braucht auf Süßes nicht zu verzichten. Stevia süßt ohne Kalorien und scheint den Blutzuckerspiegel nicht zu belasten.

heitskeime. Bei Halsschmerzen, Entzündungen im Mund und schmerzendem Zahnfleisch haben sich auch mit Steviatee zubereitete Gurgellösungen bewährt.

Stevia schwächt Gelüste ab

Nutzer von Stevia berichten darüber, dass nach dem Genuss von Steviatee Gelüste auf Zigaretten und alkoholische Getränke nachlassen. Auch das sind positive Aspekte, die hinsichtlich der Gesundheit nicht zu unterschätzen sind. Besonders der übermäßige Genuss von Alkohol trägt nicht unerheblich zu den Gewichtsproblemen vieler Menschen bei. Alkohol hat von sich aus schon fast so viele Kalorien wie Fett. Hinzu kommt, dass Alkohol bei seinem Abbau mit Fett in Konkurrenz tritt: Zuerst wird Alkohol im Körper verbrannt, und erst dann verstoffwechselt der Körper die Fette.

Steviatee soll bei regelmäßiger Anwendung die Verdauung ankurbeln. Viele Steviagenießer berichten, dass sie sich weniger müde und abgespannt fühlen, seit sie regelmäßig Steviatee trinken. Vielleicht trinkt man auch deshalb Steviatee in Paraguay bei körperlicher und seelischer Erschöpfung.

Äußerliche Anwendungen

Stevia kann nicht nur von innen auf den Körper wirken. Auch auf die Haut aufgetragen, zur Auffrischung der Augen, zur Heilung von Wunden oder als Zusatz in Zahnpasta haben sich die Blätter bewährt.

Hautprobleme bekämpfen

Die Guaraníindianer, aber auch andere Steviabenutzer berichten über effektive Hilfe bei Hautproblemen wie Akne, Ekzemen, Dermatitis und Seborrhö. Stevia wird daher inzwischen auch in vielen Cremes verwendet. Die Haut wird mit Hilfe von Stevia sanft gereinigt, und der Teint wird klarer. Wer das Kraut wie Tee aufbrüht und die lauwarmen Blätter anschließend als Maske nur einige Minuten auf das Gesicht oder die Augen legt, fühlt sich wieder frischer, und Falten werden glatter. Gesichtsmasken mit Stevia wirken entzündungshemmend und reinigen die Haut. Auch hartnäckige Unreinheiten werden entfernt, wodurch der Bildung von Pickeln vorgebeugt wird.

Wunden heilen besser

In Form von Tropfen oder als Wickel direkt auf Wunden oder Verletzungen aufgetragen, soll Stevia die Wundheilung ohne Narbenbildung beschleunigen. Beim Kontakt mit der Tropflösung, die frisch auf die Wunde aufgetragen wird, kommt es zu einem brennenden Gefühl, das etwa 30 bis 40 Sekunden andauert. Nachdem die Lösung mit viel warmem Wasser wieder abgewaschen wurde, schmerzt die Wunde anschließend jedoch weniger.

Zahnprobleme ade?

Die in Steviablättern enthaltenen Zuckerstoffe verursachen keine Karies. Darüber hinaus verhindern die in Steviablättern enthaltenen Tannine die Entstehung von Plaques. Steviaextrakte hemmen zusätzlich die Bildung von Karies fördernden Bakterien (Streptococcus mutans). Löcher können erst gar nicht entstehen. Aufgrund dieser positiven Wirkung werden Steviaextrakte in einigen Ländern Zahnpasten und Mundwässern zugesetzt.

Stevia für eine schöne Haut

▶ Gesichtsmaske mit Stevia
1 Teelöffel Mandelkleie mit 1/2 Teelöffel fein geriebenen Steviablättern und 1 Teelöffel Wasser vermischen. Mehr Wasser hinzufügen, falls notwendig. Diese Mischung auf das gereinigte Gesicht und den Hals auftragen und 10 bis 15 Minuten trocknen lassen. Mit einem feuchten Tuch abwaschen und das Gesicht gut mit Wasser reinigen. Eine nährstoffreiche Gesichtscreme auftragen.

▶ Dampfbad mit Stevia
Geben Sie 1 bis 2 Esslöffel Steviablätter in eine große Porzellan- oder Steingutschüssel, und übergießen Sie diese mit kochendem Wasser. Beugen Sie sich über den aufströmenden Dampf, und umschließen Sie Kopf und Schüssel mit einem großen Handtuch, so dass nichts von den heilsamen Dämpfen verloren geht. Einige Minuten angewandt, erfrischt und reinigt es die Haut.

Für Umschläge und Kompressen benötigen Sie einen starken Tee. Tränken Sie eine Mullbinde oder ein kleines Gästehandtuch mit Steviatee. Auf die entsprechende Körperstelle legen und mit einem Frottiertuch abdecken. Bevor Steviazubereitungen im Gesicht oder auf anderen empfindlichen Hautpartien angewandt werden, empfiehlt es sich, sie an einer unempfindlichen Stelle auf Verträglichkeit zu testen.

Steviablätter, -extrakte, -pulver und -lösungen finden in der süßen Küche vielfache Anwendung.

Für die Zubereitung von Steviatee geben Sie 1 Esslöffel Steviablätter in eine Kanne und übergießen sie mit kochendem Wasser. Etwa 10 Minuten ziehen lassen, dann die Blätter entfernen. Sie können auch jeden beliebigen Tee mit Steviablättern mischen.

Kochen mit Stevia

Stevia kann in natürlicher Form aufgebrüht und als Tee pur getrunken oder als flüssige Süße für Kaffee oder andere Teesorten verwendet werden. In pulverisierter Form lassen sich mit Stevia jegliche Art von Speisen süßen. Salate oder herzhafte Gerichte erhalten durch eine Prise Steviapulver die richtige Würze. Stevia hat sich auch bei der Herstellung von Sauergemüse bewährt, da dieses Pulver nicht wie Zucker zu gären beginnt und geschmacklich stabil bleibt. Vor allem in den USA haben begeisterte Anhänger von Stevia zahlreiche Rezepte ausprobiert und nutzen seine kalorienfreie Süße.

Steviapulver selbst herstellen

Zum Kochen und Backen oder zur Zubereitung kalter Getränke eignen sich vorwiegend Steviapulver und -extrakte, die man hervorragend selbst herstellen kann. Das erfordert nur minimalen Aufwand und liefert ein gutes Ergebnis.

Verwendung

Stevia lässt sich in der Küche vielfältig verwenden. Zum Süßen von Speisen, als Geschmacksverstärker herzhafter Speisen oder zur Zubereitung sauer eingemachter Gemüse finden Steviaprodukte ihre Verwendung. Ihrer Experimentierfreudigkeit sind keine Grenzen gesetzt.

Stevia in heißen Getränken

Zum Süßen von Tee empfiehlt es sich, wenig Steviablätter zusammen mit Kräuter- oder Schwarztee aufzubrühen. Um Kaffee oder Kakao zu süßen, sollten Sie Steviaextrakt verwenden, da er sich besonders fein dosieren lässt. Mischen Sie Steviaextrakt und -pulver mit wässrigen Zutaten, damit sich die Süßkraft voll entfalten kann.

Achtung Backfans

Nicht in jedem Teig lässt sich Zucker problemlos durch Stevia ersetzen, da Stevia so viel süßer ist als Zucker und deshalb keine entsprechende Masse bietet. In Rezepten, in denen Süßstoff verwendet wird, kann dieser ohne Probleme durch Steviaextrakt oder -pulver ersetzt werden. Steviaextrakte süßen jedoch weniger stark als Süßstoffe. Um die gleiche Süße zu erreichen, müssen Steviaextrakte dann in größerer Menge zugesetzt werden. In höherer Konzentration hat Stevia einen lakritzähnlichen Geschmack, der etwas an Süßholz erinnert. Wer dies nicht mag, jedoch gern sehr süß isst, kann Kuchen und Gebäck zusätzlich mit Frucht- oder Apfelsüße süßen.

Bei der Zubereitung von Tee sollten Sie darauf achten, dass während des Ziehens der Teesud gut abgedeckt ist, damit sich Duft und Aroma nicht verflüchtigen.

Aufbewahrung

Trocken in vor Luft und Feuchtigkeit geschützten Dosen gelagert, lassen sich die Blätter der Steviapflanze mehrere Monate aufbewahren, und man kann sie so in naturbelassener Form verwenden. Stevia ist anwendbar in kalten und heißen Getränken und behält den Geschmack auch beim Erhitzen.

Neben süß schmeckenden Steviaprodukten geben Trockenfrüchte, Honig, frisches Obst und Mandeln dem selbst gemachten Gebäck ihr feines Aroma.

Steviablätter richtig aufbewahren

- Getrocknete Blätter in dunklen Glasgefäßen oder Dosen lagern, die sich luftdicht verschließen lassen. Vor Licht und Feuchtigkeit schützen.
- Werden Kräuter über längere Zeit aufbewahrt, können sie an Geschmack verlieren. Deshalb kleinere Mengen kaufen und bald aufbrauchen.

Steviazubereitungen

Die Süßkraft der selbst hergestellten Rohextrakte ist niedriger als die Süßkraft der in anderen Ländern erhältlichen Rohextrakte.

Steviapulver

Getrocknete Steviablätter von Stielen und harten Pflanzenteilen befreien und zwischen den Fingern fein zermahlen oder durch ein feines Haarsieb streichen. Auch ein Mörser eignet sich gut für das Pulverisieren von Blättern. Das Pulver soll trocken und dunkel aufbewahrt werden. 1 Esslöffel Steviapulver entspricht etwa 100 Gramm Zucker. Die Konzentration kann je nach Qualität der Blätter schwanken.

Stevialösung

1 Teelöffel Steviablätter in eine Kanne geben und mit 500 Milliliter kochendem Wasser überbrühen. 15 Minuten ziehen lassen. Abseihen und abkühlen lassen. Die Lösung lässt sich (gut verschlossen) etwa 1 bis 2 Tage im Kühlschrank aufbewahren.

Steviaextrakt (Rohextrakt)

Steviablätter mit 70-prozentigem Alkohol bedecken und verschlossen mindestens 24 Stunden stehen lassen. Die Flüssigkeit in einen Topf abfiltern. Das Extrakt im Topf bei niedrigster Stufe erhitzen, ohne es jedoch zum Kochen zu bringen. Durch das langsame Erhitzen verdampft der Alkohol. Wenn der gesamte Alkohol verdampft ist, verdünnen Sie das Extrakt mit 4 Esslöffeln Wasser. In einem Gefäß gut verschlossen und kühl aufbewahren.

Rezepte

Beim Einsatz von Stevia in der Küche sind Ihrer Kreativität keine Grenzen gesetzt. Nutzen Sie die Vorteile von Stevia allein, oder verwenden Sie Stevia mit anderen Süßungsmitteln wie Honig, Sirup oder Trockenfrüchten. Finden Sie heraus, wie reichhaltig diese Pflanze Ihren Speiseplan ergänzen kann, ohne Ihrer Gesundheit zu schaden.

Süßer Rum

Zutaten: Steviablätter • Rum
Zubereitung: 1. Steviablätter mit dem Rum in ein kleines Gefäß geben und mindestens 24 Stunden ziehen lassen.
2. Abfiltern und in einem geschlossenem Gefäß aufbewahren.
Tipp Süßer Rum eignet sich fein dosiert hervorragend als Alternative zu Rumkandis für schwarzen Tee.

Aprikosenwähe

Zutaten für 12 Stück: Für den Teig: 1/2 Würfel Hefe • 1/8 l lauwarme Milch • 1 EL Steviaextrakt (oder 2 EL Steviapulver) • 250 g Mehl
1 Prise Jodsalz • 30 g Butter
Für den Belag: 50 g Zwieback • 3 große Eier • 200 g Sahne
10 reife Aprikosen (oder 1 kleine Dose Aprikosenhälften)
Zubereitung: 1. Die Hefe in der Milch auflösen, Steviaextrakt dazugeben. Zugedeckt an einem warmen Ort gehen lassen.
2. Mehl und Jodsalz in eine Schüssel geben. Butter zerlassen und zu dem Vorteig geben. Alles gut verkneten. Den Teig an einem warmen Ort bis zur doppelten Größe aufgehen lassen.
3. Zwieback in einen Gefrierbeutel geben und zu feinen Bröseln zerdrücken. Eine Springform (Durchmesser 28 Zentimeter) ausfetten. Den Teig ausrollen und hineinlegen, dabei einen Rand hoch ziehen. Den Teig mit Zwiebackstreuseln bestreuen.
4. Eier und Sahne verquirlen und darüber gießen. Mit Aprikosenhälften belegen. Im vorgeheizten Backofen bei 200 °C ca. 30 Minuten backen.

Pro Stück:
213 kcal/890 kJ
6 g Eiweiß
10 g Fett
21 g Kohlenhydrate
2 BE (Broteinheiten)

Käsekuchen

Pro Stück:
310 kcal/1296 kJ
14 g Eiweiß
13 g Fett
28 g Kohlenhydrate
2,5 BE (Broteinheiten)

Wer es gern fruchtiger mag, kann auch geputzte und klein geschnittene Früchte auf den Boden legen und dann die Quarkmasse darüber gießen (z. B. Johannisbeeren, Himbeeren etc).

Zutaten für 12 Stück: Für den Teig: 180 g Quark • 70 ml Milch
5 EL Öl • Saft und Schale von 1 unbehandelten Zitrone
1 Messerspitze Jodsalz • 1 EL Steviaextrakt • 1 TL Backpulver
240 g Weizenmehl • 40 g gehobelte Mandeln
Für den Belag: 500 g Magerquark • 100 g Schmand • 300 ml Milch
Saft und Schale von 1 unbehandelten Zitrone • 100 g Rosinen
2 EL Steviaextrakt • 4 EL Grieß • 4 Eier • 1 TL Butter zum Einfetten der Form

Zubereitung: 1. Alle Zutaten für den Teig in eine Schüssel geben und miteinander verkneten. Den Teig etwa 1 Stunde kühl stellen.
2. Für den Belag den Quark mit Schmand, Milch, Zitronensaft und -schale, Rosinen, Steviaextrakt, Grieß und Eiern glatt rühren.
3. Eine Springform (Durchmesser 28 Zentimeter) mit Butter einfetten. Den Teig durchkneten und die Form damit auslegen. Einen Rand von etwa 2 Zentimeter hoch ziehen. Mit den Mandeln belegen.
4. Die Quarkmasse auf den Boden gießen. Im vorgeheizten Backofen auf der unteren Schiene bei 200 °C etwa 10 Minuten backen, dann die Temperatur auf 180 °C zurückschalten und den Kuchen in etwa 1 Stunde fertig backen.

Französische Apfeltarte

Pro Stück:
198 kcal/828 kJ
3 g Eiweiß
12 g Fett
17 g Kohlenhydrate
1,5 BE (Broteinheiten)

Zutaten für 12 Stück: Für den Teig: 200 g Mehl • 1 EL Steviaextrakt
1 Prise Jodsalz • 150 g Butter oder Margarine • 1 Eigelb
Für den Belag: 4–5 Äpfel • 1 Eigelb • 3 EL Aprikosenaufstrich (oder -konfitüre) • Butter zum Einfetten

Zubereitung: 1. Mehl mit Steviaextrakt, Jodsalz, Butter oder Margarine und dem Eigelb zu einem glatten Teig verkneten. Mit den Händen zu einer Kugel formen, in Folie wickeln und 30 Minuten kalt stellen.
2. Inzwischen Äpfel schälen, halbieren, entkernen und in dünne Spalten schneiden.
3. Tarte- oder Springform einfetten, dabei den Rand nicht vergessen, und den ausgerollten Teig auslegen.

Zu den knusprigen Waffeln schmecken Ahornsirup oder in dünne Scheiben geschnittene Bananen.

4. Die Apfelspalten schuppenförmig auf dem Teig verteilen. Kuchen mit verquirltem Eigelb bestreichen und im vorgeheizten Backofen bei 200 °C etwa 45 Minuten backen.
5. Den Aprikosenaufstrich mit 1 Esslöffel Wasser glatt rühren und erwärmen. Etwa 10 Minuten vor Ende der Backzeit die Apfeltarte damit bestreichen und fertig backen.

Buttermilchwaffeln

Zutaten für etwa 10 Waffeln: 125 g Butter • 4 Eier • 240 g Mehl
1 EL Backpulver • 3/8 l Buttermilch • 1 Prise Jodsalz • Steviapulver oder -extrakt nach Geschmack • Fett für das Waffeleisen

Zubereitung: 1. Die Butter und die Eier schaumig rühren. Mehl und Backpulver mischen und abwechselnd mit der Buttermilch zum Teig geben. Alles gut verrühren. Zum Schluss Jodsalz und Steviapulver oder -extrakt unter den Teig heben.
2. Ein Waffeleisen vorheizen, gut einfetten und die Waffeln ausbacken, bis sie goldgelb sind.

Tipp Das Waffeleisen lässt sich am besten mit einem Backpinsel und Öl oder Margarine einfetten.

Pro Stück:
233 kcal/974 kJ
7 g Eiweiß
13 g Fett
17 g Kohlenhydrate
1,5 BE (Broteinheiten)

Apfelküchlein

Pro Portion:
182 kcal/761 kJ
6 g Eiweiß
3 g Fett
29 g Kohlenhydrate
2,5 BE (Broteinheiten)

Zutaten für 4 Portionen: 2 Äpfel • 1 Ei • 125 g Mehl • 1/8 l Milch
1 Prise Jodsalz • Steviaextrakt nach Geschmack • Öl zum Ausbacken

Zubereitung: 1. Äpfel waschen, schälen, vom Kerngehäuse befreien und in dünne Scheiben schneiden. Das Ei trennen.

2. Mehl, Milch, Eigelb, Jodsalz und Steviaextrakt zu einem glatten Teig rühren. Das Eiweiß zu steifem Schnee schlagen und unter den Teig heben.

3. Eine beschichtete Pfanne mit Öl auspinseln und erhitzen. Die Apfelscheiben in den Teig tauchen und von beiden Seiten goldbraun backen.

4. Je nach Geschmack mit etwas Ahornsirup oder Apfelsüße beträufeln und heiß servieren.

Tipp Für die Apfelküchlein schmecken aromatische Sorten besonders gut, wie z. B. Boskop, Berlepsch oder Glockenäpfel.

Früchteterrine

Pro Portion:
84 kcal/351 kJ
3 g Eiweiß
1 g Fett
14 g Kohlenhydrate
1,5 BE (Broteinheiten)

Zutaten für 4 Portionen: 6 Blatt Gelatine • 500 g frische Früchte (z. B. Nektarinen, Erdbeeren, Weintrauben) • Saft von 1 Zitrone
1/4 l Apfelsaft • 1/8 l Stevialösung (kalt)

Zubereitung: 1. Gelatine in einer Schüssel mit kaltem Wasser einige Minuten einweichen.

2. Die Früchte putzen, waschen und in kleine Stücke schneiden.

3. In einem Topf 1/8 Liter Apfelsaft erhitzen und die gut ausgedrückte Gelatine hinzufügen. Umrühren, bis sie vollständig aufgelöst ist. Dann den restlichen Apfelsaft, Stevialösung und Zitronensaft unterrühren.

4. Die Früchte in vier kleine, kalt ausgespülte Förmchen oder Glasschüsseln geben und mit der Fruchtsaftmischung auffüllen. Mit Klarsichtfolie abdecken und am besten über Nacht, aber mindestens 6 Stunden kühl stellen.

Tipp Um die Terrine aus der Form zu lösen, tauchen Sie die Förmchen kurz in heißes Wasser und schütteln sie leicht. Auf einen Teller stürzen und eventuell mit Schlagsahne servieren.

Himbeereis

Zutaten für 6 Portionen: 400 g gefrorene Himbeeren • 200 g Sahne Steviaextrakt nach Geschmack
Zubereitung: Alle Zutaten in einen Mixer geben und pürieren. In Schälchen füllen und sofort servieren.
Tipp Anstelle der Himbeeren passen auch Erdbeeren oder Mangos.

Pro Portion:
127 kcal/531 kJ
2 g Eiweiß
10 g Fett
5 g Kohlenhydrate
0,5 BE (Broteinheiten)

Erdbeer-Joghurt-Eis

Zutaten für 6 Portionen: 400 g gefrorene Erdbeeren • 100 g Sahne 150 g Naturjoghurt • Steviaextrakt nach Geschmack
Zubereitung: Alle Zutaten in einen Mixer geben und pürieren. In Schälchen füllen und sofort servieren.

Pro Portion:
94 kcal/393 kJ
2 g Eiweiß
6 g Fett
5 g Kohlenhydrate
0,5 BE (Broteinheiten)

Buttermilch-Zitronen-Eis

Zutaten für 2 Portionen: 1/8 l Buttermilch • 2 EL frisch ausgepresster Zitronensaft • Steviaextrakt nach Geschmack • 1 Eiweiß
Zubereitung: 1. Die Buttermilch mit dem Zitronensaft und dem Steviaextrakt verrühren. Das Eiweiß steif schlagen und unter die Buttermilch heben.
2. Die Masse in Kunststoff- oder Glasschalen füllen, mit Folie abdecken und das Eis in der Tiefkühltruhe gefrieren lassen.

Pro Portion:
35 kcal/146 kJ
4 g Eiweiß
0 g Fett
3 g Kohlenhydrate
0,5 BE (Broteinheiten)

Karibikcocktail

Zutaten für 4 Portionen: 1 Banane • 1 Mango • 1 Kiwi
1/2 l Ananassaft • 1 TL Steviapulver oder -extrakt nach Geschmack
Zubereitung: Banane, Mango und Kiwi schälen. Im Mixer pürieren, mit Ananassaft und Steviapulver mischen und auf Gläser verteilen.
Tipp Falls es einmal schnell gehen soll, verwenden Sie statt der Früchte gekauften Saft oder Nektar. Den Cocktail können Sie auch mit anderen Fruchtsäften mixen. Beliebte Kombinationen sind Kirsche und Banane, Orange und Maracuja oder Ananas und Kokos.

Pro Portion:
111 kcal/468 kJ
1 g Eiweiß
0 g Fett
24 g Kohlenhydrate
2 BE (Broteinheiten)

Eingelegte Paprikaschoten

Pro Glas:
251 kcal/1049 kJ
9 g Eiweiß
2 g Fett
36 g Kohlenhydrate
3 BE (Broteinheiten)

Zutaten für 2 Gläser à 1 Liter: 1 kg frische, farblich gemischte Paprikaschoten • 2 Zwiebeln • 1 TL Jodsalz • 3/4 l Kräuteressig (5-prozentig) • 3/8 l Stevialösung • 1–2 Lorbeerblätter • je 1 TL Pfeffer- und Senfkörner • einige Zweige Dill und Estragon

Zubereitung: 1. Die Paprikaschoten waschen, die weißen Trennwände und die Kerne entfernen und in mundgerechte Stücke schneiden. Die Zwiebeln abziehen und in Ringe schneiden. Das Gemüse nacheinander einige Minuten in Salzwasser blanchieren und mit Eiswasser abschrecken. Paprikastückchen und Zwiebelringe abtropfen lassen und in Einmachgläser schichten.

2. Den Essig mit den übrigen Zutaten in einem Topf aufkochen lassen. Das Gemüse mit dem Sud übergießen. Es sollte mindestens 1 Zentimeter hoch mit Flüssigkeit bedeckt sein.

3. Die Gläser luftdicht verschließen und kühl aufbewahren.

Tipps • Sauer eingelegtes Gemüse lässt sich im Kühlschrank gut aufbewahren, ist kalorienarm und schmeckt sehr gut zu kräftigem Brot, Wurstbelag und Käse.

• Verwenden Sie keine Kupfer-, Messing- und Aluminiumtöpfe zum Einkochen von Sauergemüse. Sie sind ungeeignet, da die Essigsäure diese Materialien angreift. Das Kochgeschirr wird beschädigt, und es können Schwermetalle in die Lebensmittel übergehen, die für die Gesundheit schädlich sein können.

Senfsauce

Pro Portion:
108 kcal/455 kJ
3 g Eiweiß
4 g Fett
15 g Kohlenhydrate
1,3 BE (Broteinheiten)

Zutaten für 2 Portionen: 4 EL mittelscharfer Senf • 3 EL Apfelessig 1/2 TL Worcestersauce • 6 EL Ketchup • 1/2 TL Ahornsirup • 1 TL Olivenöl • 1/2 TL Steviapulver • schwarzer Pfeffer

Zubereitung: Senf, Essig, Worcestersauce, Ketchup, Ahornsirup, Öl, Steviapulver und Pfeffer in einen kleinen Topf geben, gründlich miteinander verrühren und bei schwacher Hitze langsam erwärmen.

Tipp Die heiße Senfsauce passt gut zu kräftig angebratenem oder gegrilltem Fleisch.

Spargel in Kräuterdressing

Zutaten für 4 Portionen: 1 kg weißer Spargel • Jodsalz • 1 Schalotte
1 Knoblauchzehe • 1 EL Weißweinessig • 1/2 TL mittelscharfer Senf
Pfeffer • 1 Prise Steviapulver • 2 EL gehackte Kräuter (je nach Geschmack) • 4 EL Olivenöl

Zubereitung: 1. Den Spargel schälen, die Enden anschneiden und die Spargelstangen in Salzwasser in etwa 20 Minuten weich kochen.

2. Für das Kräuterdressing die Schalotte und die Knoblauchzehe abziehen und fein hacken. Essig, Senf, Jodsalz, Pfeffer, Steviapulver und Kräuter in eine kleine Schüssel geben, Schalotte und Knoblauch zugeben und die Zutaten miteinander verrühren. Das Öl unter ständigem Schlagen mit dem Schneebesen unterrühren.

3. Den heißen Spargel auf Tellern anrichten, das Dressing darüber geben und etwa 15 Minuten ziehen lassen.

Tipp Der Spargel in Kräuterdressing schmeckt lauwarm am besten.

Pro Portion:
154 kcal/644 kJ
6 g Eiweiß
10 g Fett
8 g Kohlenhydrate
0,5 BE (Broteinheiten)

Curryhuhn mit Gemüse

Zutaten für 4 Portionen: je 1 rote und gelbe Paprikaschote • 1 Möhre
100 g Zuckerschoten • 400 g Hähnchenbrustfilet • 1 EL Olivenöl
1/4 l Gemüsebrühe • 200 g Sahne • Jodsalz • 1 TL Paprikapulver
edelsüß • 1 EL Currypulver • 1/2 TL Steviapulver • 100 g Sauerrahm

Zubereitung: 1. Das Gemüse waschen, putzen und in mundgerechte Stücke schneiden. Das Fleisch in kleine Stücke schneiden.

2. Das Öl in einer beschichteten Pfanne erhitzen und das Fleisch darin von allen Seiten anbraten. Das Gemüse zugeben, die Gemüsebrühe angießen und das Gemüse einige Minuten darin dünsten.

3. Die Sahne zugießen und mit den Gewürzen und dem Steviapulver abschmecken. Die Sauce mit dem Sauerrahm verfeinern. Das Gemüse bei geringer Hitze mit geschlossenem Deckel etwa 10 Minuten kochen lassen. Den Deckel abnehmen und die Sauce noch einige Minuten einkochen lassen.

Tipp Zum Curryhuhn mit Gemüse passen am besten Basmatireis oder Teigwaren.

Pro Portion:
425 kcal/1777 kJ
30 g Eiweiß
23 g Fett
18 g Kohlenhydrate
1,5 BE (Broteinheiten)

Impressum
© 1999 Südwest Verlag GmbH in der Verlagshaus Goethestraße GmbH & Co. KG, München

Redaktion:
Dr. Judith Schuler
Projektleitung:
Susanne Kirstein
Redaktionsleitung und medizinische Fachberatung:
Dr. med. Christiane Lentz
Bildredaktion:
Gabriele Feld
Produktion:
Manfred Metzger
Umschlag:
Heinz Kraxenberger, München
Till Eiden
Layout:
Wolfgang Lehner
DTP/Satz:
Reiner Löb

Druck:
Color-Offset, München
Bindung:
R. Oldenbourg, München

Printed in Germany

Gedruckt auf chlor- und säurearmem Papier

ISBN 3-517-07870-0

Über die Autorin

Heidrun Fronek studierte nach ihrer Ausbildung zur Arzthelferin Haushalts- und Ernährungswissenschaften. Seit einigen Jahren ist sie im journalistischen Bereich tätig. Ihre thematischen Schwerpunkte liegen in gesunder Ernährung, Ernährungsmedizin und Säuglingsernährung.

Hinweis

Das vorliegende Buch ist sorgfältig erarbeitet worden. Dennoch erfolgen alle Angaben ohne Gewähr. Weder Autorin noch Verlag können für eventuelle Nachteile oder Schäden, die aus den im Buch gemachten praktischen Hinweisen resultieren, eine Haftung übernehmen.

Literatur

Elkins, R.: Stevia – Nature's sweetener. Woodland Publishing. Pleasant Grove 1997
Franke, W.: Nutzpflanzenkunde. Thieme Verlag. 6. Auflage, Stuttgart 1997
Fronek, H.: Süßes ohne Reue. Südwest Verlag. München 1999
Richard, D.: Stevia Rebaudiana. Verlag Tenum Management AG. Liestal 1998

Bezugsquellen

Für Deutschland (liefert nur Steviatee):
Naturkost-Versand Ruth Franz GmbH
64291 Darmstadt, In der Hahnhecke 8
Tel. 0 61 50/8 20 51

Für Österreich und Schweiz (liefert neben Steviatee auch Pulver und Extrakte):
Steviasol AG
CH-4410 Liestal, Grammetstrasse 14

Bildnachweis

Botanik-Bildarchiv Laux, Biberach a.d. Riß: 14; Beat Ernst, Basel: 2; Das Fotoarchiv, Essen: 5 (B. Krist); Image Bank, München: 4 (Turner & Devries); C. Kargl / U.S., München: Titel; Südwest Verlag, München: 7 (C. Kargl), 16 (M. Nagy), 22 (A. Schliack), 27 (U. Kerth); Tony Stone, München: 19 (D. Durfee); Tunger Matthias, Puchheim: 1, 23

Register